BIOGRAFÍAS GRÁFICAS

GEORGE WASHINGTON

DIRIGIENDO UNA NUEVA NACIÓN

por Matt Doeden

ilustrado por Cynthia Martin

Consultor:

Mary V. Thompson, Especialista en investigaciones

Mount Vernon Ladies' Association

Mount Vernon, Virginia

Capstone press

Mankato, Minnesota

Graphic Library is published by Capstone Press,
151 Good Counsel Drive, P.O. Box 669, Mankato, Minnesota 56002.
www.capstonepress.com

1 2 3 4 5 6 11 10 09 08 07 06

Library of Congress Cataloging-in-Publication Data
Doeden, Matt.
    [George Washington. Spanish]
    George Washington: dirigiendo una nueva nación/por Matt Doeden; ilustrado por
Cynthia Martin.
    p. cm.—(Graphic library. Biografías gráficas)
    Includes bibliographical references and index.
    ISBN–13: 978–0–7368–6605–7 (hardcover : alk. paper)
    ISBN–10: 0–7368–6605–1 (hardcover : alk. paper)
    ISBN–13: 978–0–7368–9673–3 (softcover pbk. : alk. paper)
    ISBN–10: 0–7368–9673–2 (softcover pbk. : alk. paper)
    1. Washington, George, 1732–1799.—Juvenile literature. 2. Presidents—United States—
Biography—Juvenile literature. I. Martin, Cynthia, 1961– II. Title. III. Series.
E312.66.D6418 2007
973.4'1092—dc22   2006043854

Summary: In graphic novel format, tells the life story of George Washington, the leader of the
    Continental army during the Revolutionary War and the first president of the United States,
    in Spanish.

Art and Editorial Direction Jason Knudson and Blake A. Hoena	*Editor* Donald Lemke
Designers Jennifer Bergstrom and Jason Knudson	*Translation* Mayte Millares and Lexiteria.com

Nota del editor: Los diálogos con fondo amarillo indican citas textuales de fuentes
fundamentales. Las citas textuales de dichas fuentes han sido traducidas a partir del inglés.

Direct quotations appear on the following pages:
Pages 13, 17, from *George Washington: Anguish and Farewell (1793–1799)* by James Thomas
    Flexner (Boston: Little, Brown, 1972).
Page 26, from transcripts of Washington's Farewell Address, September 19, 1796. The Papers of
    George Washington (http://gwpapers.virginia.edu/documents/farewell/transcript.html).

TABLA DE CONTENIDOS

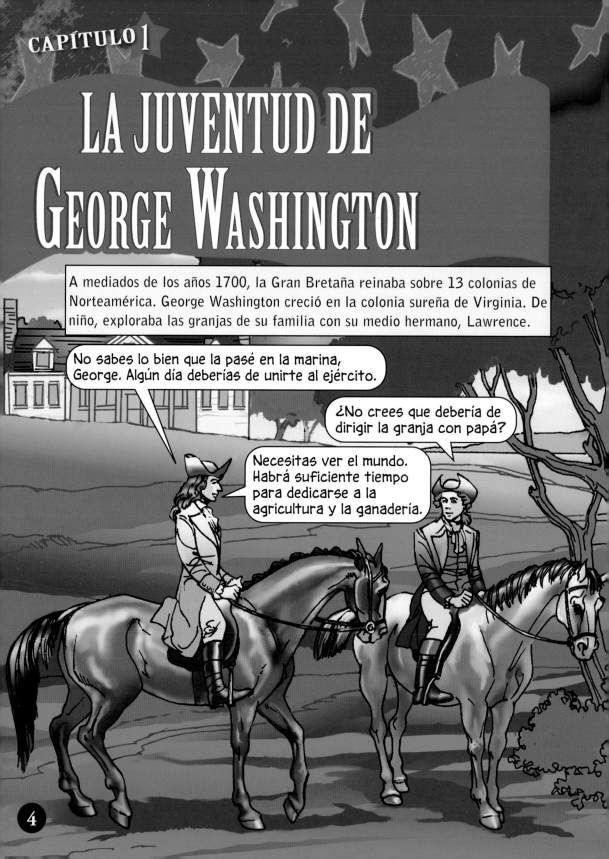

CAPÍTULO 1

LA JUVENTUD DE GEORGE WASHINGTON

A mediados de los años 1700, la Gran Bretaña reinaba sobre 13 colonias de Norteamérica. George Washington creció en la colonia sureña de Virginia. De niño, exploraba las granjas de su familia con su medio hermano, Lawrence.

No sabes lo bien que la pasé en la marina, George. Algún día deberías de unirte al ejército.

¿No crees que debería de dirigir la granja con papá?

Necesitas ver el mundo. Habrá suficiente tiempo para dedicarse a la agricultura y la ganadería.

CAPÍTULO 2

UNA NUEVA VIDA

En 1752, Washington se unió a la milicia en Virginia. Con rapidez avanzó de rango en rango. En dos años, se había convertido en teniente coronel. Los oficiales británicos le ordenaron proteger sus tierras en el suroeste de Pensilvania. Las tropas francesas se habían instalado en el área. Washington rápidamente construyó la fortaleza Fort Necessity.

¡Corten esos árboles!

¡Excaven trincheras más profundas!

¡Los franceses pronto atacarán!

La Batalla de Fort Necessity ayudó a iniciar la Guerra Francesa e India (1754–1763). Durante los siguientes cuatro años, Washington luchó por la Gran Bretaña en contra de las tropas francesas.

¿No me escuchaste? ¡Te dije que prepararas a tus hombres!

Los oficiales británicos no tienen respeto alguno por los soldados de la colonia. Ya no lucharé más por ellos.

A finales de 1758, Washington regresó a Mount Vernon. Poco después, se casó con Martha Dandridge Custis, una viuda de Williamsburg, Virginia.

Estoy tan contenta de que estemos juntos, George. Mis dos hijos necesitan quién les dé un buen ejemplo.

En 1774, Washington representó a Virginia en una reunión de líderes de la colonia a la cual llamaron Primer Congreso Continental. Durante la reunión, los líderes hablaron acerca de cómo llegar a un acuerdo con la Gran Bretaña.

¡Debemos enviar un mensaje firme al rey!

Debemos rehusarnos a comerciar con la Gran Bretaña. Vamos a demostrarles que no necesitamos sus artículos.

En menos de un año, las esperanzas que tenían los colonos de resolver de manera pacífica sus diferencias, se esfumaron. En abril de 1775, las tropas de la colonia lucharon contra los soldados británicos en las batallas de Lexington y Concord.

CAPÍTULO 3

EL GENERAL WASHINGTON

Una vez a cargo, Washington no perdió el tiempo. Rápidamente cabalgó al norte hacia Boston, Massachusetts. Allí, se reunió con parte de su ejército.

¿Cómo podemos ir a la guerra con este ejército, General? El enemigo es mucho más fuerte y está mejor preparado.

Aunque nos superan en número, aquí hay suficiente valor para un buen ejército.

Pero al principio, las cosas en la guerra no salieron muy bien para los colonos. Para noviembre de 1776, se habían retirado hacia Trenton, Nueva Jersey.

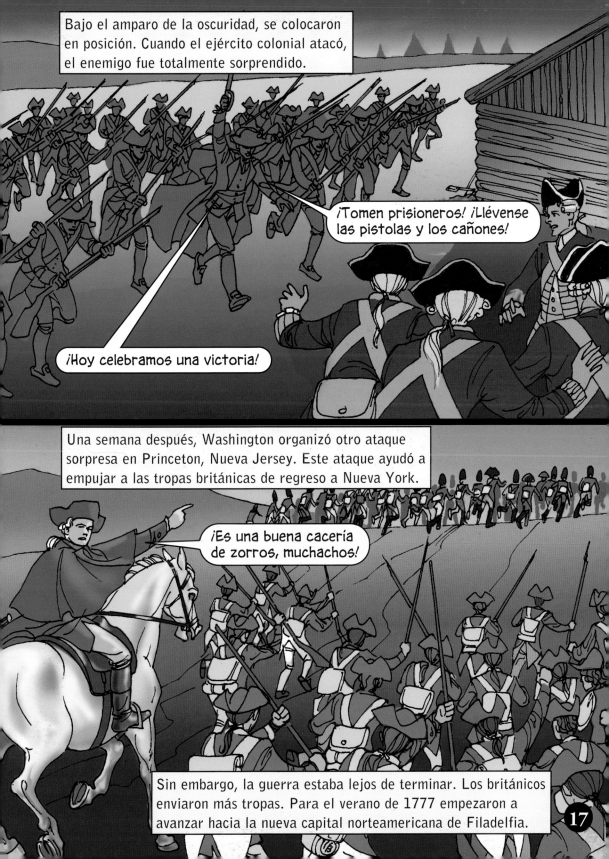

La mayoría de las fuerzas británicas habían marchado río arriba para cruzar el arroyo. Los atacaron por la retaguardia en un sorpresivo ataque mortal.

¡Retirada!

¡Retrocedan!

El ejército británico no siguió a Washington. Por el contrario, continuaron hacia Filadelfia. Conquistaron la capital norteamericana y se establecieron cómodamente para pasar el duro y largo invierno.

En diciembre, el ejército Continental avanzó hacia un lugar llamado Valley Forge. Estaba a una distancia segura de las tropas británicas. Los colonos planeaban establecer un nuevo campamento para el invierno.

Washington trabajó en la resolución de los problemas de una nueva nación durante cuatro años. Firmó tratados con otros países y con los indios norteamericanos.

En 1793, fue elegido para servir cuatro años más.

Después de su segundo mandato, Washington decidió que ya había servido el tiempo suficiente. Escribió su Discurso de Despedida para un periódico de Filadelfia.

Ahora debo examinar ante ustedes la decisión que he tomado de no aceptar el ser considerado para el puesto de Presidente.

Más sobre
GEORGE WASHINGTON

★ George Washington nació en el condado de Westmoreland, Virginia, el 22 de febrero de 1732. Él fue el primer hijo de los seis que tuvieron Augustine Washington y Mary Ball.

★ Se han escrito muchas historias sobre Washington. En una de ellas, el joven Washington taló por completo el cerezo de su papá. Cuando le preguntó si lo había hecho, él respondió con la verdad. Hoy en día, la mayoría de los historiadores creen que este evento nunca ocurrió. Se cree que el autor Parson Locke Weems creó esta historia para mostrar la honestidad de Washington.

★ En otra historia, Washington lanza un dólar de plata a través del Río Potomac. Este río tiene más de una milla de ancho. Sin embargo, algunas personas creen que Washington era lo suficientemente fuerte como para lograrlo.

★ Durante una batalla en 1755, en dos ocasiones le dispararon a los caballos en los que Washington iba montado. También hubieron cuatro balas que atravesaron su abrigo.

★ Washington fue uno de los presidentes más altos de Norteamérica. Medía más de 6 pies de alto, pesaba casi 200 libras y utilizaba botas talla 13.

★ Para cuando Washington fue presidente, sólo le quedaba un diente. Mucha gente cree que Washington usaba dientes postizos hechos de madera. En realidad, usaba una dentadura hecha con dientes de vaca, marfil de hipopótamo y resortes de metal.

★ Washington padeció de muchas enfermedades graves a lo largo de su vida. Sobrevivió a la malaria, viruela, fiebre tifoidea, disentería y pleuresía.

★ El helado era uno de los alimentos favoritos de Washington. Le gustaba tanto que hizo que le instalaran dos congeladores de helado en Mount Vernon.

★ En 1799, Washington cayó víctima de una infección en la garganta de la cual nunca se recuperó. Murió el 14 de diciembre y fue enterrado en Mount Vernon.

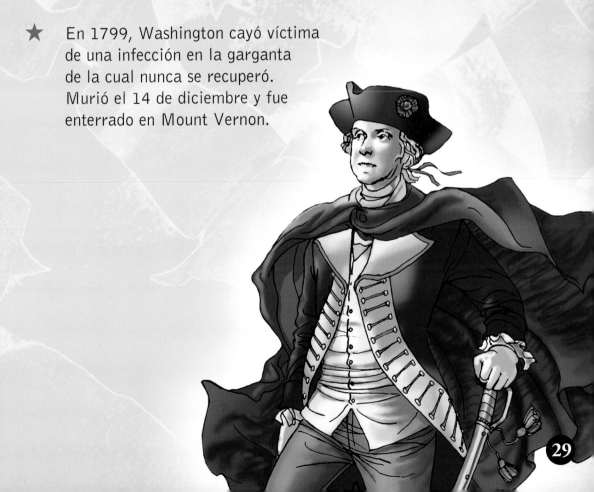

GLOSARIO

la constitución—el sistema de leyes que establece los derechos de las personas y el poder del gobierno

la independencia—libertad; las personas que son independientes toman decisiones por ellas mismas.

la injusticia—una situación o acción que no es justa

la milicia—un grupo de civiles que forman un ejército durante casos de emergencia

la política—el acto o ciencia de gobernar una ciudad, estado o país

SITIOS DE INTERNET

FactHound proporciona una manera divertida y segura de encontrar sitios de Internet relacionados con este libro. Nuestro personal ha investigado todos los sitios de FactHound. Es posible que los sitios no estén en español.

Se hace así:

1. Visita *www.facthound.com*

2. Elige tu grado escolar.

3. Introduce este código especial **0736866051** para ver sitios apropiados según tu edad, o usa una palabra relacionada con este libro para hacer una búsqueda general.

4. Haz clic en el botón **Fetch It**.

¡FactHound buscará los mejores sitios para ti!

LEER MÁS

Ashby, Ruth. *George and Martha Washington.* Presidents and First Ladies. Milwaukee: World Almanac Library, 2005.

Doeden, Matt. *Winter at Valley Forge.* Graphic History. Mankato, Minn.: Capstone Press, 2006.

Raatma, Lucia. *The Battles of Lexington and Concord.* We the People. Minneapolis: Compass Point Books, 2004.

Roberts, Jeremy. *George Washington.* Presidential Leaders. Minneapolis: Lerner, 2004.

Rosen, Daniel. *Independence Now: The American Revolution, 1763–1783.* Crossroads America. Washington, DC: National Geographic, 2004.

BIBLIOGRAFÍA

Ellis, Joseph J. *His Excellency: George Washington.* New York: Alfred A. Knopf, 2004.

Flexner, James Thomas. *George Washington: Anguish and Farewell (1793–1799).* Boston: Little, Brown, 1972.

The Papers of George Washington, University of Virginia. http://gwpapers.virginia.edu/index.html.

ÍNDICE